L'ANTI-NOVATEUR,

OU

LES LECTURES

DE M. JÉRÔME.

Par le C. C. G.

Nil novi.

A PARIS,

Chez DESENNE, Imprimeur-Libraire,
Palais-Egalité, N°s. 1 et 2.

1797, *An V de la Rép.*

L'ANTI-NOVATEUR,

OU

LES LECTURES

DE M. JÉROME.

PEU de gens savent lire, dit Colin d'Harleville je le crois, mais c'est le talent de M. Jérôme, et M. Jérôme aime beaucoup à faire briller son talent. Il a toujours en poche quelques brochures ; toujours en main quelques fragmens : chez lui, dans les promenades, au café, dans les cercles, il lit et relit sans cesse à tous ceux qu'il rencontre, et lit fort bien. Prose, vers histoire, philosophie, tout lui est bon : il croit avoir fait preuve de beaucoup d'esprit, quand il a débité l'esprit des autres. Cependant M. Jérôme a deux grands défauts, deux défauts essentiels : il s'interrompt fréquemment dans ses lectures, pour faire part de ses réflexions, et il a la manie de ne trouver rien de neuf ; non, rien qui n'ait été dit ou fait un ou deux siècles avant. Selon lui, les para-tonnerres sont de l'invention de

Numa Pompilius , et les Chinois se servaient de globes aërostatiques cinq cents ans avant que Mongolfier vînt au monde. Dans ce moment, il fait de profondes recherches pour prouver au physicien Chappe, que les Germains, les Saxons ou les Bardes, connaissaient l'usage du télégraphe. Oh ! c'est un singulier hommme que M. Jérôme, mais il profite de ses lectures.

Je le rencontrai dernièrement comme il sortait de chez lui. Il portait plus de dix volumes sous son bras et dans ses poches. — Où courez-vous donc, mon voisin ? Je vais, me répondit-il, prouver à un jeune étourdi, très-satisfait de ce qu'il appelle les modes nouvelles, que son habit carré se portait à la Cour de Marguerite de Navarre; que ses petits souliers pointus et relevés par le bout , sont ceux de Clotaire III ; que sa coiffure en oreille de chien est du tems de Louis XII, et que la Reine Jeanne, femme de Philippe-le-Bel, avait comme lui le menton caché dans une large cravate. — Quelle érudition, M. Jérôme ! Oh ! je le vois, rien de nouveau pour vous. Convenez, cependant, que notre révolution...... Notre révolution , repartit l'infatigable lecteur ; notre révolution , comme nos modes, n'est qu'une plate copie des sottises anciennes ; Rome, Athènes et Sparte , en proscrivant les Rois, n'ont pas su maintenir la paix dans leurs murs. Caïus et Tiberius Gracchus apprirent à Marat et à Pache les principes du systême agraire et du nivellement. Lepide et ses collègues firent la loi des suspects, parodiée par Merlin ; Scylla confisqua le premier la fortune des condamnés ; Marius, Antoine, Octave, organisèrent des massacres, de la même manière que M . . . . ., T . . . . . . et la commune de Paris organisèrent le deux septembre ; Auguste séquestra le bien des émigrés, fit des réquisitions, mit des emprunts forcés . . . . . Lisez Virgile (1), vous verrez les paisibles habitans de Mantoue déportés pour céder leurs toits rustiques aux soldats du vainqueur. Le peuple français, atroce et sanguinaire, porta la cruauté jusqu'au raffinement, je l'avoue : mais écoutez Juvenal (2), et songez, en l'écoutant, au sort de Berthier, de Belzunce, de l'infortunée Lamballe, etc. etc. etc. etc. etc.

« Je vais te rapporter, dit le poëte romain, » un fait étonnant, mais authentique, et dont » l'horrible scène se passa récemment près des » murs de Copte, sous le consulat de Junius. Il

(1) Eglogue prem. *Nos patriæ fines et dulcia linquimus arva ;*

Nos patriam fugimus. . . .

Eglogue IX. *Hæc mea sunt ; veteres, migratæ coloni.*

(2) Juvenal, satyre 15, vers 27.

» s'agit d'un crime qui surpasse ceux que les
» tragiques étalent sous nos yeux.........
» Ecoute, et frémis d'un trait de cruauté qui
» n'appartient qu'à notre siècle......

» On prélude par des injures, c'est le signal
» du combat : ce ne sont de toutes parts que
» des faces tronquées, des figures méconnois-
» sables, des crânes entr'ouverts, et des poings
» souillés du sang des yeux crevés. Ce conflit,
» néanmoins, ne leur paraît qu'un jeu d'enfans,
» parce qu'ils ne foulent pas encore de cadavres
» aux pieds. L'acharnement redouble. Un mal-
» heureux, dont la terreur précipitait les pas,
» glisse et tombe : on le prend, on le coupe
» en mille pièces, afin que chacun des vain-
» queurs puisse en avoir sa part. On ne songe
» point à le faire bouillir ou rôtir : la troupe im-
» patiente, rejetant ces apprêts, le mangea
» tout palpitant, et dévora jusqu'à ses os.....
» Au reste, ne t'informe pas si le premier for-
» cené, dont la dent put entamer ce cadavre,
» prit plaisir à s'en repaître : ce monstre, et ceux
» qui l'imitèrent, n'avaient jamais éprouvé de
» sensations plus délectables, puisque celui qui
» survint le dernier, voyant la victime absorbée,
» pressa la terre de ses doigts, afin de sucer
» au moins quelques gouttes de sang. »

Ne vous semble-t-il pas voir en action les

premiers héros de notre révolution, promenant dans Paris les restes sanglans de leurs victimes ?

On ne citera pas sans doute les tribunaux révolutionnaires, ni les commissions militaires, comme des institutions nouvelles : Tacite nous apprend qu'elles existaient de son tems (1).

« Les dénonciateurs, dit-il, se paraient des » plus beaux noms, se faisaient appeler Brutus, » Scevola, Cassius..... Les tribunaux, pro» tecteurs de la vie et des propriétés, étaient » devenus des boucheries, où ce qui portait le » nom de supplice et de confiscation, n'était » que vol et assassinat...... La délation était » le seul moyen de parvenir, et Régulus fut » fait trois fois consul pour ses dénonciations.... » La mort naturelle d'un homme célèbre, ou » seulement en place, etait si rare, que cela » était mis dans les gazettes comme un événe» ment, et transmis par l'historien à la mémoire » des siècles. *Sous ce consulat, dit notre ana» liste, il y eut un pontife, Pison, qui mourut » dans son lit, ce qui parut tenir du prodige* ».

La révolution française n'a donc rien créé, pas même un crime ; et le portrait des hommes qui ont fait naître ces événemens, dont le sou-

(1) Tacite, liv. 1, chap. 72.

venir nous glace encore d'effroi, est tracé par tous les historiens.

Tribonien et Dorothé vendaient les décrets de Justinien, comme Fabre d'Eglantine et ses co-sociétaires vendaient ceux de la Convention.

Appius et ses collègues perpétuèrent leurs pouvoirs, malgré le vœu du peuple, comme les dominateurs conventionnels perpétuèrent les leurs le 13 vendémiaire. Cette époque mémorable nous apprend le chemin que nous avons fait et celui qu'il nous reste à faire. Dans une circonstance à-peu-près pareille, l'Angleterre avait, comme nous, une constitution; elle était en république. Williams Allen, indigné de voir que cette constitution nouvelle n'était qu'un vain simulacre, et que le peuple gémissait sous un despotisme républicain, plus cruel que le despotisme royal; Williams Allen, orateur intrépide, osa, d'une voix libre et fière, demander au peuple anglais, aux armées, au protecteur lui-même, la tête d'Olivier Cromwel. *Tuer un tyran, s'écriait-il, n'est pas assassiner!* La définition (1) qu'il donne de la tyrannie est claire et précise. Combien peu de gouvernans pourraient la lire sans crainte ou sans remords! M. Jérôme tire, à ces

(1) Traité politique de Williams Allen, Lyon, 1658, pag. 47 et suivantes.

mots, un petit volume de sa poche. Il prend un air grave, et m'entraînant dans un endroit plus écarté : voici, me dit-il, cet ouvrage étonnant qui troubla si long-tems le sommeil de Cromwel, et que Didot a eu le courage de réimprimer sous Robespierre. . . . . . . Ecoutez.

M. Jérôme lut le passage suivant, ôtant et remettant ses lunettes à chaque réflexion qu'il faisait.

Un tyran est celui qui exerce un pouvoir qu'il n'a pas reçu du consentement libre et unanime du peuple.

Depuis combien de temps le peuple français est-il libre dans ses choix ?

Un tyran est celui qui n'obéit pas aux lois fondamentales auxquelles le peuple est soumis.

Nous avons une constitution, mais nous avons aussi la loi du 3 brumaire, la loi du 21 floréal, etc. etc. etc. . . . .

Un tyran, est celui qui change la forme du gouvernement sans la volonté du peuple, qui fait séparer les assemblées du peuple par force, qui annulle leurs actes, qui donne le nom de députés à ses propres confédérés.

Messieurs les perpétuels, Williams Allen savait, je crois, avant vous, comment on faisait un 13 vendémiaire.

Pour renverser le gouvernement présent, les tyrans prennent pour prétexte la liberté ; et lors-

que le gouvernement est renversé, ils oppriment eux-mêmes cette liberté pour laquelle ils avaient combattu.

Ceci s'adresse à l'ancien comité de salut public. Vous ne croyez pas, sans doute, que nous soyons assez malheureux pour trouver une application plus moderne à ce passage ?... quoique..... Poursuivons.

Ils abaissent toutes les personnes excellentes, et ils ôtent de leur chemin toutes les ames nobles, ET TERRÆ FILIOS EXTOLLUNT, *et ils élèvent les enfans de la terre. Ils purgent, dit Aristote, les assemblées du peuple et l'armée, jusqu'à ce qu'ils y laissent peu ou point de gens qui ayent ou de l'honneur, ou de la conscience, ou de l'esprit, ou le courage de s'opposer à leurs desseins; et dans ces purgations, dit Platon, les tyrans font tout le contraire des médecins; car ceux-ci nous purgent de nos humeurs, et les tyrans nous purgent de notre esprit.*

Ah ! que d'hommes en place prouvent cette triste vérité !

Les tyrans ont en tous lieux leurs espions et leurs délateurs, qui feignent d'être mécontens et de n'être point d'accord avec eux, afin que, par cet artifice, ils puissent gagner la confiance et faire des découvertes; ils ont semblablement leurs émissaires pour les envoyer avec des lettres supposées. Ils ne remuent pas sans avoir des gardes. Ils appauvrissent les peuples, afin qu'ils manquent de pouvoir, s'ils ont la volonté de tenter quelque chose contre eux.

Machiavel et certain prêtre français, ont fait de ces horribles moyens, la règle du comité de sûreté générale. Ce comité n'est plus; mais a-t-on oublié toutes les leçons de Machiavel?

Ils prolongent la guerre pour distraire et occuper le peuple, et pour avoir, outre cela, un prétexte de lever de l'argent.

Ah! lord Malmesbury, et vous, directeurs de notre république, n'avez-vous pas craint, en rompant si brusquement vos négociations, que la sévère postérité ne vous accuse un jour d'une pareille politique?.... Je dis la postérité, car Pitt et M.... ne permettent ni l'examen, ni le murmure.

Ils font exécuter par d'autres, les choses odieuses et désagréables; et quand les peuples sont mécontens, ils les appaisent en sacrifiant les ministres qu'ils employaient.

Hébert, Ronsin, Chaumette, Carrier, Fouquier-Tinville, voilà ce qui vous a perdu; voilà ce qui perdra ces criminels du second ordre, ces amnistiés complices de Babœuf, ces MITRAILLEURS de vendémiaire, qui ont méconnu, qui méconnaissent encore la main qui les dirige.

Tout cet ouvrage, continua M. Jérôme, est de cette force, et je vous engage à le lire: mais voulez-vous des rapprochemens plus sensibles ? Comparez cette révolution anglaise à la nôtre ; vous y verrez les mêmes excès, le même désordre ; vous verrez, sous la république, un mois de dépenses absorber plus de fonds que trois années de monarchie ; vous y verrez Cromwel refuser la couronne sanglante de Charles Stuart, et le 27 décembre 1653, adopter *le bonnet rouge*, comme signe du suprême pouvoir (1). Dans l'histoire de la dernière guerre d'Amérique, nous retrouvons les mêmes faits qui nous ont paru si extraordinaires en France. Les visites domiciliaires, les réquisitions, les massacres de prisonniers, les processions civiques, l'arbre de la liberté, les clubs, *l'Ami du Peuple*, par un journaliste de la trempe de Marat, le régiment des enfans...... Les exemples sont si nombreux (2), que je ne sais lequel choisir ; et ce qui seul doit m'étonner, ce qui seul doit paraître nouveau, c'est que, pour retrouver dans l'histoire des événemens pareils aux nôtres, il ne faut pas consul-

(1) Vie de Cromwel, édit. d'Amsterdam, seconde partie, page 278. Le bonnet rouge fut un des ornemens choisis par Cromwel dans la cérémonie de son installation.

(2) Si M. Jérôme n'avoit craint d'ennuyer son interlocuteur, il lui aurait lu l'histoire des troubles de Jérusalem, sous Vespasien. On y voit les Juifs se diviser en plusieurs factions, qui se succèdent ou se combattent absolument de la même manière, et en professant la même doctrine que les *Jacobins*, les *Girondins*, les *Orléanistes*, les *Dantonistes*, les *Maratistes*. (*Voy. Joseph Flav. liv.* 4.) la ressemblance est parfaite.

ter les écrivains d'une seule nation ; il faut rassembler en un faisceau les crimes de tous les scélérats qui se sont disputé la puissance. Ah! sitôt que je verrai les Français avoir un esprit national, la constitution religieusement observée, les délégués du peuple respecter les limites de leur pouvoir, la fortune publique sagement administrée, les hommes probes en place, les coquins comprimés, les nouveaux riches modestes et bienfaisans, les femmes et les jeunes gens vêtus..... Je m'écrierai : NOUVEAUTÉ ! NOUVEAUTÉ ! et je fermerai mes livres ; mais jusques-là, je chercherai dans les annales de la sottise et de la perversité humaine, les modèles que suivent les hommes du jour. Si ce sujet vous intéresse, ajouta M. Jérôme, qui s'animait et paraissait oublier le motif de sa sortie, venez demain chez moi ; je vous ferai lire quelques morceaux précieux, qui vous prouveront que si nous savions étudier le passé, nous saurions, comme Nestor, prévoir ou préparer l'avenir. Quoique prévenu de la folie de mon voisin, j'étais curieux de connaître le but de ses grandes recherches, le résultat de ses rapprochemens, l'utilité des similitudes.... J'acceptai le rendez-vous, et je le quittai en me disant, c'est un singulier homme, que M. Jérôme ! mais il sait profiter de ses lectures.

La conversation que je venais d'avoir, m'avait ému au point qu'adoptant, avec enthousiasme, le systême du commentateur que je quittais, je ne pouvais plus croire aux nouveautés.

Un colporteur me présente l'épître *en calomnie* par Chénier.— Bon! lui dis-je, il y a mille ans qu'on écrit de pareilles injures.

Un jeune homme marié depuis dix mois me saute au cou, et me dit que sa femme vient d'accoucher.... cela n'est pas nouveau, m'écriai-je! Il reste pétrifié. Je fus toute la journée comme l'avocat chansonnier, répétant le même refrain et cherchant par-tout des analogies.

Le soir, rentré chez moi, calme et réfléchi, je repassai dans ma mémoire tout ce que m'avait lu M. Jérôme..... Quelle bizarre fantaisie, me disais-je, de chercher toujours à se convaincre que l'expérience du malheur est inutile aux peuples! c'est l'étude d'un pessimiste, et rien n'est consolant dans cette méthode.

Mais si la perfidie, l'ambition, la cupidité se répètent dans leurs effets, en est-il de même des vertus? Trouve-t-on dans les annales de l'histoire rien qui puisse égaler l'héroïsme touchant de la jeune Sombreuil (1), qui, dans les massacres septembre, se jetant au milieu des glaives, des poignards, couvrit de son corps le corps de son père, et montrant aux assassins les cheveux blancs du vieillard qu'elle chérit, présente à leurs coups

(1) Mlle. Cazote, inspirée par le même sentiment, s'illustra par le même trait.

son sein palpitant de tendresse, et fait pour les caresses de l'amour? Trouve-t-on une femme aussi généreuse que l'intéressante Lavergne, provoquant les juges barbares de son époux, pour obtenir l'honneur de périr avec lui sur le même échafaud, recevoir son arrêt de mort comme un bienfait, et marcher au supplice comme une amante adorée marche aux autels de l'hyménée? Peut-on citer un père aussi vertueux que le sublime Loiseroles, victime volontaire, se dévouant pour son fils: et toi, bon Cange, toi qui te montras aussi industrieux pour cacher tes vertus, que l'intrigant pour faire croire à celles qu'il n'a pas; toi qui, sans fortune et sans crédit, te plaças près des opprimés pour soulager leur malheur, quand la pitié seule était un crime aux yeux des tyrans de la France; tu n'as pas de modèle, sans doute, et tu dois en servir.

Je croyais, dans ces exemples admirables, découvrir un sujet de réfutation à opposer à M. Jérôme, lorsque le hasard ou le besoin de me distraire me fit ouvrir l'Encyclopédie..... (1).

« Pendant les proscriptions des triumvirs, dit » *M. de Jaucourt*, tout ce que l'attachement, » l'amour et la fidélité peuvent inspirer de plus » généreux, parut au milieu de tant d'horreurs.

---

(1) Tom. 16. p. 675, art. triumvirs.

» On vit des soldats compâtissans respecter » le mérite ; on vit des esclaves se dévouer pour » leurs maîtres, et des ennemis assez généreux, » risquer tout pour sauver la vie à leurs ennemis. » On vit des femmes, porter par les campagnes, » leurs maris sur leurs épaules, et s'aller cacher » avec eux dans le fond des forêts ; *on vit des » enfans s'exposer au glaive pour leurs pères, » et des pères pour leurs enfans.* Enfin, on vit » de si grands traits d'héroïsme, qu'il semblait » que la vertu, dans cette occasion, voulait » triompher sur le crime.

» Les femmes de Lentulus, d'Apulcius, d'Antichus, se cachèrent dans des lieux déserts » avec leurs maris, sans vouloir jamais les abandonner.

» Ligarius se noya, désespéré de n'avoir pu » secourir son frère qu'il vit tuer devant ses yeux : » et Blävus revint se faire massacrer pour tâcher » de sauver son fils.

» Arianus et Metellus échappèrent au fer des » assassins, par les soins et le courage de leurs » enfans. Oppius, qui avait sauvé son père infirme, en le portant sur ses épaules, en fut » récompensé par le peuple, qui le nomma *Edile.* » Restius avait autrefois fait marquer d'un fer » chaud le front d'un de ses esclaves, pour s'être » enfui. Cet esclave découvrit sans peine le lieu

où

» où il était caché, et vint l'y trouver. Restius se » crut perdu, mais l'esclave le rassura : *Crois-tu*, » dit-il, *mon maître, que ces caractères dont tu* » *as marqué mon front, aient fait plus d'im-* » *pression sur mon ame, que les bienfaits que* » *j'ai reçus de toi depuis ce temps-là ?* Il le » conduisit dans un autre lieu plus secret, et l'y » nourrit soigneusement. Cependant, comme » des soldats vinrent à passer plusieurs fois près » de cet endroit, leurs allées et venues causèrent » mille frayeurs à l'esclave. Il suivit un jour ces » soldats, et prit si bien son temps, qu'il tua à » leur vue un laboureur : les soldats coururent à » lui comme à un assassin ; mais il leur dit, sans » se déconcerter, que c'était son maître Restius, » proscrit par les lois, qu'il venait heureusement » de tuer, moins encore pour la récompense » promise, que pour se venger des marques in- » fames qu'ils voyaient sur son front. Ainsi, l'es- » prit, le crime et l'héroïsme se réunirent dans un » esclave, et son maître fut sauvé.

» Mais la grandeur d'ame des esclaves d'Ap- » pion et de Meneius, fut sans tache : ils se dé- » vouèrent généreusement, et se firent tuer tous » les deux, l'un dans une litière, et l'autre sur un » lit, avec les habits de leurs maîtres.

» L'aimable et belle Octavie saisissait de son » côté toutes les occasions d'arracher quelques

» victimes à la barbarie du triumvirat. Le femme » de Vinius proscrit, après avoir examiné les » moyens de le sauver, l'enferma dans un coffre » qu'elle fit porter à la maison d'un de ses af- » franchis, et répandit si bien le bruit qu'il était » mort, que tout le monde en fut persuadé. Mais » comme cette ressource ne calmait point ses » alarmes, elle saisit le moment où un de ses » parens devait donner des jeux au peuple, et » ayant mis Octavie dans ses intérêts, elle la » pria d'obtenir de son frère qu'il se trouvât » seul des triumvirs au spectacle. Les choses ainsi » disposées, cette dame vint sur le théâtre, se » jeta aux pieds d'Octavius, lui déclara son ar- » tifice, et fit porter en sa présence le coffre » même d'où son mari sortit en tremblant. Tan- » dis que tous les deux imploraient la clémence » du triumvir, Octavie donna des louanges à » cette action avec tant de grâces et d'adresse, » que son frère, applaudissant à l'amour hé- » roïque de cette dame, accorda la vie à son » mari. Octavie n'en demeura pas là. Elle loua » si fort le courage de l'affranchi, qui, recevant » ce dépôt, avait couru risque de périr lui-même, » qu'elle engagea son frère à le récompenser, en » le mettant au rang des chevaliers romains. »

Il est donc vrai, m'écriai-je, que dans tous les temps, dans tous les gouvernemens, l'énergie de la vertu, croît en raison de l'audace du crime !

N'espérant plus trouver dans ma faible mémoire aucun trait qui puisse contredire le système de mon vieux raisonneur, je me rendis au rendez-vous.

M. Jérôme était dans son cabinet, entourré de livres, de brochures et d'extraits. Tout ce qui composait l'ameublement de cette pièce, était conforme au goût de cet homme singulier. C'était par-tout des sujets de comparaison : là, des formes antiques, placées près des formes modernes, en faisaient sentir les ressemblances ; ici, des tableaux, en offrant des traits pareils, rappelaient des événemens différens ; tout enfin était disposé de manière à faire penser que le génie de l'invention était pour jamais frappé de stérilité.

Je suis charmé de votre exactitude, me dit le commentateur. Depuis hier, j'ai revu tous mes extraits sur les révolutions, et je me suis convaincu de l'impossibilité d'épuiser avec vous les analogies. L'histoire est un miroir fidèle où toutes les situations présentes semblent se réfléchir ; ou, pareille au globe qui, tournant sur son axe, présente successivement les mêmes points à l'œil qui le considère, l'histoire, quoique irrégulière dans sa marche, ramène à différentes époques les mêmes faits, les mêmes résultats. Sans m'appesantir sur les détails, je vous dirai.... : Cherchez-vous à juger la conduite de Philippe d'Orléans, qui se crut le génie de Catilina ; ou celle de Robespierre, qui singeait Rienzi ? Désirez-vous savoir s'ils se sont écartés ou rapprochés de la ligne tracée par les anciens conspirateurs ? Lisez la conjuration d'Arbacès contre Sardanapale, celles de Philotas contre Alexandre, de Cinna contre Auguste, de Séjan contre Tibère, d'Antipater contre Hérode, de Sabinus contre Vespasien, de Phocas contre Maurice, de Michel le Begue, d'Andronic, de Trolle, de Valstein, et de vingt autres (1), vous verrez que nos plats tyrans ont été de faibles imitateurs de ces grands coupables ; leur fureur sanguinaire et stupide, leur ignorance fanatique, ne sont parfaitement tracées que dans la conduite du pêcheur Mazaniello (2). Voulez-vous, au contraire, analyser cet esprit de vertige qui soulève les peuples, toujours incapables de juger les suites d'une révolution ? comparez la conduite de nos factieux à celle des Suisses, révoltés contre la Maison d'Autriche, à celle des Castillans contre Henri IV,

---

(1) Histoire des Révolutions célèbres. Lyon, chez Bruyset, 1796.

(2) Révolution de Naples, traduite de Meissner. Paris, hôtel Bouthillier, 1789.

des Bohémiens contre Venceslas, des Siciliens proscrivant les Français ; vous trouverez par-tout même aveuglement, même délire.

Cette recherche nous menerait trop loin. Je me bornerai donc à vous présenter quelques tableaux plus frappans, qui vous prouveront que nos mœurs n'ont aucun caractère de nouveauté. L'égoïsme et la cupidité, qui semblent aujourd'hui démentir cette franchise, cette loyauté française, si vantées dans l'histoire, ne sont pas les fruits de la révolution : on en trouve la peinture exacte dans Montesquieu (1). Je vous étonne ; mais écoutez ce grand observateur :

« Il y avait en Arabie un petit peuple, appelé » Troglodite, qui descendait de ces anciens » Troglodites, qui, si nous en croyons les his- » toriens, ressemblaient plus à des bêtes qu'à » des hommes. Ceux-ci n'étaient point si con- » trefaits ; mais ils étaient si méchans et si fé- » roces, qu'il n'y avait parmi eux aucun prin- » cipe d'équité ni de justice.

» Ils avaient un roi d'une origine étrangère, » qui, voulant corriger la méchanceté de leur » naturel, les traitait sévèrement ; mais *ils con-* » *jurèrent contre lui, le tuèrent, et extermi-* » *nèrent toute la famille royale.*

---

(1) Lettres Persannes. Lettre XI : Usbek à Mirza

» Le cuop étant fait, ils s'assemblèrent pour » choisir un gouvernement, et, après bien des » discussions, *ils créèrent des magistrats*. Mais » à peine les eurent-ils élus, qu'ils leur devinrent » insupportables, et *ils les massacrèrent encore*.

» Ce peuple, libre de ce nouveau joug, ne » consulta plus que son naturel sauvage. Tous » les particuliers convinrent *qu'ils n'obéiraient* » *plus à personne*, que chacun veillerait à ses » intérêts, sans consulter ceux des autres...... » On était dans le mois où l'on ensemence les » terres : chacun dit : je ne labourerai mon champ » que pour qu'il me fournisse le blé qu'il me » faut pour me nourrir ; une plus grande quan- » tité me serait inutile ; je ne prendrai point de » la peine pour rien.

» Les terres de ce petit royaume n'étaient pas » de même nature : il y en avait d'arides et de » montagneuses, et d'autres, qui, dans un » terrain bas, étaient arrosées de plusieurs ruis- » seaux. Cette année, la sécheresse fut très- » grande, de manière que les terres qui étaient » dans les lieux élevés, manquèrent absolument, » tandis que celles qui purent être arrosées » furent très-fertiles. Ainsi, les peuples des » montagnes périrent presque tous de faim, par » la dureté des autres, qui leur refusèrent de » partager la récolte.

» L'année suivante fut très-pluvieuse ; les » lieux élevés se trouvèrent d'une fertilité ex- » traordinaire, et les terres basses furent sub- » mergées. La moitié du peuple cria une seconde » fois famine, mais ces misérables trouvèrent » des gens aussi durs qu'ils l'avaient été eux- » mêmes.

» Un des principaux habitans avait une femme » très-belle ; son voisin en devint amoureux et » l'enleva : il s'émut une grande querelle ; et, » après bien des injures et des coups, ils con- » vinrent de s'en remettre à la décision d'un » Troglodite, qui, pendant que la république » subsistait, avait eu quelque crédit. Ils allèrent » à lui, et voulurent lui dire leurs raisons. » Que m'importe, dit cet homme, que cette » femme soit à vous ou à vous ? J'ai mon champ » à labourer ; je vous prie de me laisser en » repos, et de ne plus m'importuner de vos que- » relles. Là-dessus, il les quitta, et s'en alla tra- » vailler sa terre. Le ravisseur, qui était le plus » fort, jura qu'il mourrait plutôt que de rendre » cette femme ; et l'autre, pénétré de la dureté » du juge, s'en retournait désespéré, lorsqu'il » trouva dans son chemin une femme jeune et » belle, qui revenait de la fontaine : il n'avait » plus de femme, celle-là lui plut, et elle lui » plut d'avantage, lorsqu'il apprit que c'était

» la femme de celui qui avait été si peu sensible » à son malheur. Il l'enleva, et l'emmena dans » sa maison. . . . . Un Troglodite, presque » tout nud, vit de la laine qui était à vendre; » il en demanda le prix : le marchand dit en » lui-même : naturellement je ne devrais espérer » de ma laine qu'autant d'argent qu'il en faut » pour acheter deux mesures de blé ; mais je » vais la vendre quatre fois d'avantage, afin » d'avoir huit mesures. Il fallut en passer par-là, » et payer le prix demandé. Je suis bien aise, » dit le marchand, j'aurai du blé à présent. » Que dites-vous, reprit l'acheteur ? Vous avez » besoin de blé ? J'en ai à vendre ; il n'y a que » le prix qui vous étonnera peut-être, car vous » saurez que le blé est extrêmement cher, et » que la famine règne par-tout ; mais, rendez-» moi mon argent, et je vous donnerai une » mesure de blé ; car je ne veux pas m'en défaire » autrement, dussiez-vous crever de faim.

» Cependant une maladie cruelle ravageait la » contrée : un médecin habile y arriva du pays » voisin, et donna ses remèdes si à-propos, qu'il » guérit tous ceux qui se mirent dans ses mains. » Quand la maladie eut cessé, il alla chez tous » ceux qu'il avait traités demander son salaire ; » mais il ne trouva que des refus. Il retourna » dans son pays, et y arriva, accablé des fatigues

» d'un si long voyage. Mais, bientôt après, il ap-
» prit que la même maladie se faisait sentir de
» nouveau, et affligeait plus que jamais cette
» terre ingrate. Ils allèrent à lui cette fois, et
» n'attendirent pas qu'il vînt chez eux. Allez,
» leur dit-il, hommes injustes, vous avez dans
» l'ame un poison plus mortel que celui dont
» vous voulez guérir; vous ne méritez pas d'oc-
» cuper une place sur la terre, parce que vous
» n'avez point d'humanité, et que les règles de
» l'équité vous sont inconnues : je croirais offen-
» ser les Dieux qui vous punissent, si je m'oppo-
» sais à la justice de leur colère. »

N'est-ce pas là, me dit M. Jérôme, le tableau parfait de l'anarchie ? N'est-ce pas la peinture de ces hommes qui se sont cru tout permis, parce qu'ils se disaient libres et *patriotes exclusifs* ? Quand Montesquieu écrivit cette lettre, ne devinait-il pas la révolution ? Mais voyons comment les Troglodites revinrent au bonheur..... Il n'est pas nécessaire, lui dis-je, je devine la suite ; l'excès du mal les oblige de rentrer sous la puissance d'un roi qu'ils se choisissent. Cette manière de rétablir l'ordre a de grands inconvéniens : Montesquieu la présente sans doute avec des couleurs séduisantes. Je ne pourrais entendre ses principes monarchiques sans perdre de mon estime pour lui : vous m'obligerez de choisir une autre lecture.

Soit, me dit M. Jérôme, en fronçant le sourcil; mais avant de quitter cet illustre écrivain, vous serez flatté, j'en suis sûr, de voir comment il retrace les effets du systême de Law. Ce morceau intéressant n'a jamais été lu, je crois, par C.... R.... ni M... S'ils l'avaient lu, quels reproches ils auraient à se faire !

» J'ai vu (1) une nation naturellement géné-
» reuse, pervertie en un instant, depuis le der-
» nier des sujets jusqu'aux plus grands : j'ai vu
» tout un peuple chez qui la générosité, la pro-
» bité, la candeur et la bonne-foi, ont passé de
» tout temps pour les qualités naturelles, devenir
» tout-à-coup le dernier des peuples; le mal se
» communiquer, et n'épargner pas mêmes les
» membres les plus sains; les hommes les plus
» vertueux faire des choses indignes; et violer les
» premiers principes de la justice, sur ce vain pré-
» texte, qu'on la leur avoit violée.

» *Ils appeloient des loix odieuses en garan-*
» *tie des actions les plus lâches*; et nommaient
» nécessité, l'injustice et la perfidie.

» J'ai vu la foi des contrats bannie, les plus
» saintes conventions anéanties, toutes les lois
» des familles renversées. J'ai vu des débiteurs
» avares, fiers d'une insolente pauvreté, instru-

---

(1) Lettres Persannes. Lettres 146. 137. 132.

» mens indignes de la fureur des lois et de la rigueur des temps, *feindre un paiement au lieu de le faire*, et porter le couteau dans le sein de leurs bienfaiteurs.

» J'en ai vu d'autres plus indignes encore, acheter presque pour rien, ou plutôt *ramasser de terre, des feuilles de chêne*, pour les mettre à la place de la substance des veuves et des orphelins.

» J'ai vu naître soudain, dans tous les cœurs, une soif insatiable de richesses. J'ai vu se former, en un moment, une détestable conjuration de s'enrichir, non par un honnête travail et une généreuse industrie, mais par la ruine de l'état et des citoyens.

» J'ai vu un honnête citoyen, dans ces temps malheureux, ne se coucher qu'en disant : j'ai ruiné une famille aujourd'hui; j'en ruinerai une autre demain..... *Je ne fais que ce qui est permis par la loi.*

» Un homme au désespoir s'écriait : il y a un traître, que je croyais si fort de mes amis, que je lui avais prêté mon argent, et il me l'a rendu ! quelle perfidie horrible ! il a beau faire ; dans mon esprit il sera toujours déshonoré.

» Tous ceux qui étaient riches, il y a six mois, sont à présent dans la pauvreté, et ceux qui

» n'avaient pas de pain, régorgent de richesses.
» Jamais ces deux extrémités ne se sont touchées
» de si près. L'étranger a tourné l'état, comme
» un fripier tourne un habit. Quelles fortunes
» inespérées, incroyables même à ceux qui les
» ont faites ! Dieu ne tire pas plus rapidement
» les hommes du néant. Que de valets servis par
» leurs camarades et peut-être demain par leurs
» maîtres ! »

Qui croirait que ce passage, a été écrit en 1721 ; c'est-à-dire, depuis plus de soixante-quinze ans : ce n'est pas aujourd'hui, vous le voyez, que les assignats, les mandats, les papiers-monnaies de toute espèce, et sous d'autres noms, ont bouleversé les fortunes, corrompu la morale du peuple et changé toutes les idées de commerce. *O tempora ! tempora !*

Nous en étions là, et je m'impatientais de ne pas apercevoir encore le but où tendaient ces longs rapprochemens, lorsqu'on nous prévint que le dîner était servi. M. Jérôme m'invita : je le suivis ; et je ne pus m'empêcher de répéter, en me mettant à table : Voilà un bien singulier homme ; mais il sait profiter de ses lectures.

La table était bien servie, et je m'étonnais que mon hôte, rentier *non payé*, fît aussi bien les honneurs de chez lui. Il serait difficile, lui dis-je, de trouver ailleurs un service de meilleur goût.

Ma foi, vivent les cuisiniers français ! ce qu'ils accommodent.... est absolument semblable à ce que faisaient les anciens, ajouta encore M. Jérôme. Ce roux, qui vous paraît succulent, est le *jus nigrum* des Lacédémoniens ; ce gibier faisandé (1), cette étuvée (2), ce salmi parfumé d'épices (3), cette salade (4), sont des mets chéris des Romains. Horace en fait la description la plus exacte, et les gourmands qui le lisent, regrettent les repas que donnait Lucullus.

Quand il fut question de desservir, je vis entrer une jeune servante, grande, svelte et d'une figure fort agréable. Je pris plaisir à la considérer.... A qui trouvez-vous qu'elle ressemble, me demanda M. Jérôme ? J'aurais peine à le dire, lui répondis-je : cependant ses traits ne me sont pas tout-à-fait inconnus. C'est, reprit-il, le portrait parlant de la fille de *Niobé*. Je partis d'un éclat de rire. — Riez tant qu'il vous plaira ; mais ce que je dis

---

(1) Rancidum aprum antiqui laudabant. *Hor. Sat.* 2. *vers* 85.

(2) Simplex è dulci constat olivo,
Quod pingui miscere mero muriaque decebit...., orcâ.
Id. Sat 4. *vers* 65.

(3) His mistum jus est oleo.... vino quenquenni.... dum coquitur :
Pipere albo, non sine aceto...*Id. Sat.* 8 *vers* 45.

(4) Cornu ipse bilibri caulibus instillat, Veteris non parcus aceti. *Id. Sat.* 2 *v.* 60.

est très-vrai, jugez-en vous même, en la comparant au buste de cette jeune Grecque. Ne voit-on pas tous les jours des Menechmes ? pourquoi ne pourrait on pas ressembler à un ancien comme à un moderne ? La nature se répète souvent. Elle n'a qu'un certain nombre de formes simples à sa disposition. Elle peut les combiner de mille et mille manières ; mais la même combinaison doit nécessairement revenir à certaines époques ; et si le docteur *Lawater* était aussi bon calculateur qu'il était bon physionomiste, il pourrait vous dire combien il y a sur la terre d'individus qui se ressemblent au physique, comme l'histoire nous en offre qui se ressemblent au moral. Si M. Jérôme n'avait pas été très-sobre, j'aurais attribué cette extravagance aux fumées du vin ; mais il était calme et réfléchi ; sa folie n'était pas nouvelle.

Rentré dans son cabinet, il me fit asseoir, et me demanda la plus grande attention : je promis de ne point l'interrompre.

L'Angleterre, dit-il, essuya, comme vous le savez, des secousses pareilles aux nôtres, fit couper la tête à son roi, se déclara libre, et se mit ou crut se mettre en république, en courbant la tête sous le joug affreux de Cromwel. Tant que l'usurpateur vécut, son génie en imposait à toutes les ames généreuses qui voulaient le bien, mais qui sentaient l'impuissance de le faire. Une seule femme, aussi belle, aussi courageuse que *Corday*, voulut délivrer son pays du tyran qui l'opprimait. *Lucrèce Greinwil* avait vu tuer sous ses yeux F. Buckingham son amant, comme Charlotte avait vu massacrer à Caen Belzunce, qu'elle devait épouser. Elle s'exerça trois ans à tirer un pistolet contre le portrait du protecteur, et, dans une entrée triomphale, elle fit feu sur Cromwel. Le coup ne porta point, et Cromwel pardonna (1). Sa clémence accrut sa popularité ; mais le 3 septembre 1658, la gravelle et la fièvre l'enlevèrent à son parti. Sa mort fut pour l'Angleterre un 9 thermidor. La faiblesse de son successeur laissa les factions se former. Son autorité parut inutile, illusoire, et Richard, effrayé de l'orage qui se formait contre lui, se dépouilla lui-même d'un pouvoir qui surpassait ses forces. Le gouvernement devint alors oligarchique, comme il l'était quand nous vivions sous le bon plaisir du comité de salut public : sa situation intérieure était peu différente de la nôtre. Un mécontement général indisposait contre les gouvernans, qui faisaient

(1) M. Jérôme n'est pas exact. Si le coup n'atteignit pas Cromwel, c'est qu'au geste que fit Lucrèce Greinvil, une femme effrayée lui poussa le bras. Cromwel fit enfermer Lucrèce, et jamais on n'entendit parler d'elle.

chaque jour preuve d'incapacité, qui, chaque jour, voulaient étendre et perpétuer leur puissance. Les partisans de Cromwel regrettaient son *gouvernement révolutionnaire ;* les partisans des Stuarts désiraient le rétablissement de la monarchie ; le commerce languissait, la dette publique était immense, l'Etat manquait de ressources, les armées voulaient prendre part au gouvernement ; Charles avait des intelligences à Londres, il intéressait les puissances étrangères. Tout semblait annoncer un bouleversement général, une guerre interminable, des révolutions plus cruelles que toutes les précédentes..... Un grand homme parut, et tout rentra dans l'ordre.

Georges Monck (1), politique aussi profond que guerrier courageux, dont la conduite probe et réservée n'a point eu parmi nous d'imitateurs (2), Monck s'était signalé dans les troupes de Charles I. Vaincu par Fairfax, il fut mis dans la tour de Londres. Il n'en sortit que pour combattre les catholiques d'Irlande. Après la mort du roi, Cromwel qui connaissait ses talens, lui confia le commandement de l'Ecosse. Monck contribua beaucoup à faire nommer Richard successeur d'Olivier; mais, lorsqu'il vit ce prince incapable

(1) Dict. hist. Tom. 4. p. 574.

(2) On soupçonne cependant un homme puissant de le prendre en ce moment pour modèle.

de

de gouverner, tolérer les factions, se démettre, et livrer son pays aux déchiremens d'une guerre intestine, il conçut le projet de rendre à Charles la couronne de son père.

Il avait un rival dangereux. Le général *Lambert*, espérant succéder à Cromwel, s'était mis à la tête des *royalistes*, qu'il trompait, en leur promettant de relever le trône. Monck, pour le relever effectivement, se servit des *républicains*, qui le choisirent pour défendre leur liberté. C'est ainsi que dans les révolutions, le parti que l'on sert, n'est pas toujours celui qu'on veut servir.

Déjà Lambert avait eu des succès contre le parlement dont il défit l'armée à Norwich ; déjà même il avait convoqué un conseil d'état, lorsque Monck marcha contre les insurgés, les défit, cassa le conseil, et convoqua le parlement au nom *du salut de la patrie*.

Certain que rien ne pouvait lui résister, comptant sur sa popularité, sur ses services, il se présenta sans armes à l'assemblée, et prononça le discours étonnant que vous allez entendre. Une seule histoire (1) nous a conservé en entier ce précieux monument.

« Messieurs, vous devez être persuadés que » l'honneur et la conscience m'empêcheront

(1) Vie d'Olivier Cromwel, édit. d'Amsterdam, en 1684, chez Antoine Schelte, seconde partie, page 544.

» toujours de faire, par un motif d'ambition » particulière, la moindre chose qui puisse faire » tort au bien de la patrie. Vous savez, messieurs, » que dans toutes les guerres civiles de ces royau- » mes, *les plus atroces violences et les plus gran-* » *des injustices, ont toujours été favorisées par* » *une fureur populaire et insensée*. Ce qu'il y a » de plus déplorable, est, que ceux qui les ont « commises, se sont servi du vénérable nom de » *défenseurs de la liberté*, pour donner quelque » couleur à leurs actions pernicieuses. Ce sont là » les prétextes spécieux qui nous ont surpris, et » nous avons fait précisément comme les idolâ- » tres qui, après la mort de leurs héros, *adoraient* » *leurs statues et leurs images* (1).

» C'est de cette espèce de simplicité populaire » qu'est sortie cette oligarchie qui a détruit nos » rois et élevé des tyrans, *en nous faisant* « *souffrir une infinité de misères effectives, sous* » *les fausses promesses d'un bonheur imaginaire*. » Nous nous sommes amusés dans le commen- » cement de nos disgraces à regarder le feu et les » cendres de l'embrâsement que ces séditieux » ont allumé, avec une allégresse semblable à » celle des enfans, lorsqu'ils contemplent l'ap- » parition d'une comète. Mais une funeste expé-

(1) N'avons-nous pas adoré des bustes ?

» rience nous a appris bientôt après, pour notre » grand malheur, que *le voile du bien public* » *cachait la plus détestable ambition qui ait ja-* » *mais offensé les lois divines et humaines.* Un » astre malin est sorti de la cendre que toutes » ces flammes avaient laissée après elles, et ce » sont ses influences qui ont corrompu les ma- » tières les moins impures. Mais la miséricorde » de Dieu a bien voulu éteindre cet *astre fatal*.... » Cela nous doit faire espérer que nous jouirons » d'un beau temps désirable après une si grande » tempête, et que les parties sur lesquelles cette » comète avait répandu ses influences envenimées, » reprendront leur cours naturel.

» *Il serait à souhaiter*, messieurs, *que tous ces* » *météores fussent entièrement dissous*; mais je » vois tout au contraire qu'ils s'élèvent plus ma- » lignement en divers endroits, comme pour » rendre le mal plus incurable. Ce qui me con- » sole, est que leur première impétuosité en a » mis dehors tout le venin, et qu'il n'en reste » plus qu'un certain feu caché, et quelque étin- » celle enterrée qui ne vit que dans le chaos, et » qui sera bientôt confondue, *si nous voulons la* » *confondre.*

» Toutes ces grandes convulsions, dans les- » quelles on a vu languir notre état, n'ont-elles » pas été des signes de l'infirmité maligne qui

» le menace ? On les a vu régner pendant plu-
» sieurs années, pour nous faire apercevoir de
» la nécessité où nous sommes de procurer le
» rétablissement de nos véritables maîtres, dont
» le retour fera cesser tous ces mouvemens irré-
» guliers, et de ne pas nous arrêter plus long-
» temps à ces fantômes, *qui semblent des mon-*
» *des et ne sont rien, et qui ne vivent parmi les*
» *précipices, que pour y précipiter les simples.*

» *Oui,* Messieurs, *ils nous promettaient la*
» *liberté, pendant qu'ils nous liaient de leurs*
» *chaînes. Ils nous faisaient espérer toute sorte*
» *de franchises, et ils redoublaient les charges;*
» *ils nous donnaient l'espérance de voir bien-*
» *tôt dissiper les calamités présentes, et ils*
» *en ajoutaient de nouvelles, pires que les*
» *autres; ils voulaient combler le peuple de*
» *richesses, et ils en ont tiré toute la substance....*
» *On croyait le commerce établi par-tout, et*
» *nous voyons que tout le monde refuse d'en*
» *avoir avec nous. Nous avons été forcés à tenir*
» *sur pied une puissante armée, qui a vidé nos*
» *bourses et ruiné tout le trafic. Pourquoi cela?*
» *pour soutenir un tyran, pour maintenir un usur-*
» *pateur.*

» Il ne faut pas présentement une moindre
» garde ni une moindre dépense pour en dé-
» fendre cinq-cents, qui sont l'opprobre du genre

» humain, l'aversion de tout le monde, et l'horreur de quiconque a de l'honneur et de la conscience. Ma chère patrie, je ne saurais te regarder sans larmes, je voudrais m'arracher les entrailles pour te secourir ! ma chère patrie, tu as été la gloire des nations, et tu es devenu la honte de l'univers !...... O ma patrie ! que puis-je me promettre de toi, après l'infraction de tant de lois divines et humaines, après tant d'assassinats, tant de sacriléges, *tant de parjures* ? Quel sera le fruit de tes embrâsemens, de tes blasphêmes, de tes extorsions, et de *l'athéïsme scélérat*, qui s'est répandu presque par-tout dans cette sédition générale ? Quel profit te reviendra-t-il enfin de cet orgueil qui nous aveugle, et de cette vanité qui nous gonfle ? La présomption que nous avons de nos propres forces, nous rend si téméraires, que nous osons attaquer nos amis et nos voisins *sans aucune raison*. Nous n'avons recueilli, jusqu'à-présent, de cette indépendance honteuse et scandaleuse, que la haine générale, non-seulement des chrétiens, mais des barbares même. Ils nous considèrent tous comme un *peuple sans roi, sans foi, sans honneur, sans crédit, sans guerre, sans paix, sans république, sans royaume; et pour tout dire, en un mot, sans dieu et*

» *sans religion* . . . . Tout le monde regarde les » Anglais comme des voiles de navires qui se tour» nent à toute sorte de vent. Qui pourra jamais » croire que cette fameuse postérité des Edouards, » des Henris et des Guillaumes, se trouve » aujourd'hui abaissée au rang et même soumise » sous les étendards d'un *brasseur de bierre*, » *d'un boucher, et d'un vil savetier?*

» Pourquoi pensez-vous, Messieurs, que ce » même parlement qui mettait toute sa gloire *à* » *faire couper des têtes*, a voulu nous épargner? » C'est pour satisfaire à une cruelle maxime » qui l'a porté à nous conserver pour nous » rendre esclaves. Cependant, cette troupe de » loups affamés, cette caverne de tigres cruels, » n'est pas plutôt détruite qu'elle se rétablit. On » la voit revivre après sa mort . . . . . . Ce n'est » que dans les déserts qu'elle se croit en assu» rance, et ils ne pensent pas pouvoir jamais être » les maîtres, *si ce n'est lorsqu'il n'auront* » *plus que des gens de leur humeur qui leur obéis*» *sent.*

» Jugez-en vous-mêmes : n'ont-ils pas déja » *dévoré les richesses des gens de bien*, par » l'espérance de s'en rendre maîtres, et ne pen» sent-ils pas à couronner toutes sortes de vices » dans un royaume dont ils ont chassé toutes sor» tes de vertus?

» Je sais qu'ils cherchent à nous surprendre ; » mais leurs impostures sont si grossières et leurs » artifices si notoires, qu'il n'est nullement diffi- » cile d'en découvrir la tromperie. *Ils veulent* » *persuader à ceux qui ne les connaissent point* » *qu'ils ont limité leurs pouvoirs à une année ;* » *mais à quoi bon, je vous prie, l'avoir envahi* » *pour si peu de tems, contre la liberté des suf-* » *frages, contre les lois fondamentales de l'E-* » *tat* (1) ? Mais, sans parler d'une pareille usurpa- » tion, qui a duré huit années, ni de la cruelle con- » duite qu'elle a tenue, n'avons-nous pas l'histoire » romaine pour nous désabuser de semblables im- » postures ? La dictature devint perpétuelle ; le » décemvirat et la puissance des tribuns durèrent » long-tems, malgré le peuple, et malgré les lois » qui ne les avaient établis que pour peu de » tems. . . . .

» Je ne parle point du ressentiment de toutes » les têtes couronnées, et peut-être même des » Turcs et des Moscovites..... Je veux espérer que » le Dieu des armées sera pour nous ; mais à quoi » nous serviront tous les succès avantageux, si » nos lauriers se trouvent mêlés avec les cyprès, » et si nos victoires font croître le nombre de nos » ennemis, si elles nous enfantent des tyrans,

(1) Affreux 13 vendémiaire, on te retrouve par-tout !

» si les graces du ciel procèdent d'une main ir-
» ritée ? Eh ! que pouvons-nous avoir de pire,
» *si nous avons pour fléaux, ceux que nous*
» *regardons comme nos idoles ?*

» Faut-il donc s'armer encore une fois aux
» dépens de l'honneur et de la conscience, pour
» mettre sur le trône quelque doge, *quelque*
» *restaurateur d'une liberté chimérique, ou*
» *d'une république imaginaire*, qui, pour évi-
» ter les malheurs du dernier usurpateur, re-
» doublera ses gardes, et nous remplira de taxes
» et d'impôts ? *Appelera-t-on liberté cette*
» *révolte générale des passions contre la rai-*
» *son, et des vices contre la vertu ?* Donnera-t-on
» le même nom à cette entreprise audacieuse des
» inférieurs contre les supérieurs, à cette rébel-
» lion formelle contre les lois de la nature et de
» la fidélité, à cette licence de faire le mal, à
» ce bannissement de la vertu, à ces protesta-
» tions réitérées d'une honteuse infidélité contre
» le prince....... *à cette profanation de nos*
» *temples, à cette dispense inouie des sermens*
» *les plus inviolables ?*

» Quoi donc ! faudra-t-il que nous canoni-
» sions, comme un bien public, une coutume
» impie qui s'est changée en loi, et qui autorise
» le parjure en toute sorte d'affaires ; une abo-
» lition presqu'entière des lois divines et hu-

» maines ; une folle confiance en la clémence » de Dieu, et un désespoir insensé de celle de » notre prince ? Ce dernier est le plus gracieux, » le plus benin......

Ah ! M. Jérôme, m'écriai-je, épargnez-moi, je vous prie, l'éloge du roi ; c'est assez d'avoir senti les applications que vous trouvez dans ce discours. Je suis reconnaissant de vos recherches instructives ; mais..... Je finis, me dit M. Jérôme. Et il continua.

» J'avoue bien que ce prince peut avoir quelques » ressentimens, et que les plus justes lois de l'équi- » té le peuvent porter à venger un parricide con- » tre quelques particuliers, *publico clamore con-* » *victos* ; (1) mais il faut considérer que tous les

---

(1) A l'avénement de Charles II au trône, il y eut amnistie générale, excepté pour 28 des juges du roi, qui furent exécutés. Les enfans de Cromwel furent compris dans l'amnistie, ainsi que Milton, le plus célèbre, mais le plus affreux démagogue de ce temps.

Henri IV, vainqueur de la ligue, pardonna de même, excepté au conseil des 16, qu'il fit pendre, et au P. Bourgoin, *prieur des jacobins*, qui avait endoctriné Jacques Clément, assassin d'Henri III : au procès de ce criminel, l'archevêque d'Aix, un des juges, opina que dorénavant, en horreur de cet ordre, il fallait que le bourreau fût vêtu en *jacobin*.

Il est remarquable qu'à cette époque, les *jacobins moines* étaient aussi odieux que le sont aujourd'hui les *jacobins politiques*. *Laplace*, dans ses pièces intéressantes et peu con-

» autres rois sont dans la résolution de venger un
» fratricide contre toute l'Angleterre, si nous ne
» tâchons d'éviter cette disgrace par le seul moyen
» que nous en avons encore, qui est celui d'une
» prompte soumission, et par une obéissance
» d'autant plus honorable, qu'elle est plus juste
» et plus utile......

Cette harangue et les intrigues secrètes qui avaient été ménagées dans le parlement, eurent l'effet que Monck s'en était promis; Charles II fut proclamé roi.

Eh bien ! M. Jérôme, quelle conséquence tirez-vous de tous ces rapprochemens ? que concluez-vous ? — Le voici :

L'expérience de l'histoire nous prouve, même dans les plus petits détails, que tout ce que nous voyons est une suite nécessaire des événemens qui ont précédé; que toutes les révolutions se ressemblent et se terminent de même. Leurs marches, plus ou moins rapides, ont des résultats pareils. Le peuple passa toujours du despotisme à l'oligarchie (car la pure démocratie est

---

nues, tom. 5, dit que lorsque la cruelle Montpensier, qui conspira sans cesse contre les jours du roi et de ses amis, mourut; des augustius entouraient son lit de parade et la baisaient au visage. Une femme de la cour, présente, à cette céremonie, s'écria : ce sont des *jacobins* et non des augustins, qui devraient faire ce rôle.

une chimère), de celle-ci à un gouvernement mixte et tempéré ; de cet état enfin, à la monarchie régulière, sous laquelle il se repose, jusqu'à ce que, devenant tyrannique, elle le force à secouer encore le joug. Le passage du despotisme à la monarchie, est plus ou moins rapide, en raison de la nature du climat, de sa population et du progrès des lumières. La révolution d'Angleterre a duré dix ans, celle d'Amérique cinq ; la nôtre est dans la huitième année : mais, d'après la comparaison que j'ai faite de notre situation actuelle avec celle de l'Angleterre, lorsque Monck fit rappeler Charles II, vous devez voir que la disposition des esprits est la même ; que la présence des mêmes maux indique le même remède, et que tout doit nous engager à ne pas prolonger notre désordre intérieur, en nous opposant au retour naturel et indispensable d'un gouvernement, qui seul doit mettre fin au chaos affreux dans lequel nous vivons.

Voilà donc, lui dis-je à mon tour, le fruit de tant de recherches ! J'avoue qu'il y a quelque parité entre les malheurs produits par la révolution anglaise, et ceux qui furent la suite de nos troubles politiques ; nos anarchistes et nos royalistes ressemblent beaucoup aux Wigs et aux Torris ; mais peut-on en conclure, plus d'un siècle après, que nos mœurs, nos opinions, nos besoins, sont les mêmes, et que nous ne pouvons retrouver la tranquillité qu'en imitant les Anglais? Le portrait que vous faites de Monck n'est pas exact. Monck était républicain; ce n'était point un despote qu'il voulait donner à l'Angleterre, mais un chef, un *directeur*, soumis à la constitution, chargé de faire exécuter le pacte social, ayant des ministres responsables devant les représentans du peuple.

Vos allusions malignes, M. Jérôme, plairont beaucoup aux mécontens irréfléchis. Ils oublieront en les lisant, qu'à l'époque où l'Angleterre consentit à rappeler Charles II, elle avait encore sa noblesse, son clergé, les préjugés de son siècle; le peuple Anglais ne se croyait pas *philosophe*.

Il y a encore, nous le savons tous, autant d'abus dans notre gouvernement que sous la monarchie; mais ces abus, on peut les détruire; et qu'il est différent de souffrir sous un *maître héréditaire* des maux irréparables qu'on n'a point mérités, ou d'expier, *sous une constitution qu'on a faite*, les fautes qu'on a commises!

Le peuple qui est malheureux quand il est libre de choisir ses gouvernans, mérite de l'être. Il n'est plus à plaindre quand il abandonne ses intérêts, quand il confie ses destinées à l'intrigant ambitieux qui flatte ses passions pour satisfaire les siennes ; enfin, quand il abandonne la chose publique et le maintien de ses droits, comme les Français ont eu la lâcheté de le faire depuis 1791.

Hume a dit, que *tous les gouvernemens sont bons au peuple, pourvu qu'il soit bien administré.* Si, comme je le crois, ce principe est vrai, le meilleur gouvernement n'est-il pas celui où le peuple peut changer le plus promptement une mauvaise administration ? Quatorze cents ans de monarchie n'ont donné qu'un Louis XII, un Charle V, un Henri IV, et *quand le peuple le voudra*, cinq cents ans de constitution ne lui donneront pas un mauvais corps législatif ou un mauvais directoire.

Mais, vouloir revenir rapidement à l'ancien régime, c'est vouloir éveiller toutes les haines, donner des forces nouvelles aux anarchistes ; c'est vouloir des révolutions !....... des révolutions ! Le peuple pourrait-il les soutenir encore ? Nos maux sont tels, que le bien ne peut venir que lentement, pas à pas, dans le silence des passions, comme la santé dans un corps épuisé par de longues douleurs.

Depuis un an, plusieurs actes tyranniques et arbitraires, fruits des élémens vicieux dont sont encore composées les autorités, se sont mêlés à des lois utiles et bienfaisantes ; mais au moins, depuis un an, les factions ont été comprimées, les grands intérêts de la nation ont été conservés. Que les élémens soient épurés par de *bons choix*, et vous ne formerez plus des vœux coupables pour rappeler un chef, qui ne pourrait saisir les rênes de l'état que ramené par la vengeance et maintenu par la terreur. Si le temps indique des réformes utiles dans le pacte social, les législateurs plus éclairés les feront sans tumulte, et les Français, mieux administrés, trouveront cet accord précieux d'opinions, cet esprit national, sans lequel nulle république ne saurait exister.... Voilà, Monsieur, ce que me prouvent vos lectures.

M. Jérôme me quitta brusquement sans me répondre. Craignait-il d'avouer que j'avais raison ?... Oui : je pense qu'il aurait été de mon avis, *s'il avait été payé de ses rentes !*

Signé, C. G. C. D. V.

AVIS DE L'ÉDITEUR.

On trouve chez DESENNE, *du même auteur : Le tombeau de Jacques Molai et les Initiés, deux petites brochures de 30 pages chacune. Cet ouvrage explique l'influence des illuminés et des francs-maçons, dans la révolution française, et indique des matériaux précieux pour l'histoire.*

www.ingramcontent.com/pod-product-compliance
Lightning Source LLC
LaVergne TN
LVHW010101230826
846091LV00005B/2045

* 9 7 8 2 0 1 3 2 6 0 8 7 9 *